HERAUSGEBER / EDITOR
Prof. Christoph Mäckler Architekten, Frankfurt am Main

KONZEPTION UND REDAKTION / CONCEPT AND EDITING
Ellen Denk, Frankfurt am Main

LAYOUT UND SATZ / LAYOUT AND TYPESETTING
Miriam Bussmann, Berlin

ÜBERSETZUNG / TRANSLATION
Rachel Hill, Berlin

LITHOGRAFIE / LITHOGRAPHY
Bild1Druck GmbH, Berlin

DRUCK UND BINDUNG / PRINTING AND BINDING
GCC Grafisches Centrum Cuno, Calbe

Bibliografische Information der Deutschen Nationalbibliothek
Die Deutsche Nationalbibliothek verzeichnet diese
Publikation in der Deutschen Nationalbibliografie; detaillierte
bibliografische Daten sind im Internet über
http://dnb.d-nb.de abrufbar.
Bibliographic information published by the Deutsche
Nationalbibliothek. The Deutsche Nationalbibliothek lists
this publication in the Deutsche Nationalbibliografie;
detailed bibliographic data are available on the Internet at
http://dnb.d-nb.de

jovis Verlag GmbH
Kurfürstenstraße 15/16
10785 Berlin

www.jovis.de

ISBN 978-3-86859-327-3

ZOOFENSTER BERLIN

Prof. Christoph Mäckler Architekten
Christoph Mäckler   Claudia Gruchow   Thomas Mayer   Mischa Bosch

INHALT / CONTENTS

Die Polyzentralität Berlins – City West,
Potsdamer Platz, Friedrichstraße und
Alexanderplatz markiert, Hauptstadtplan,
Stand 1998

Berlin's Polycentricism – marked by
City West, Potsdamer Platz,
Friedrichstrasse and Alexanderplatz,
Capital Plan, 1998

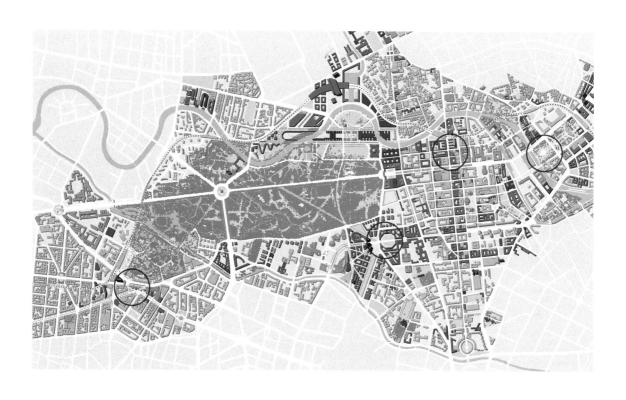

DER STÄDTEBAULICHE RAHMEN*

Barbara Jakubeit
Senatsbaudirektorin a.D.

THE URBAN DESIGN FRAMEWORK*

Barbara Jakubeit
Former Senate Building Director

Schon kurz nach der Maueröffnung, erst recht aber nach der Entscheidung für den Regierungsumzug von Bonn nach Berlin richtete sich der Blick der Politiker, vor allem aber der Stadtplaner auf die historische Mitte Berlins. Das historische Zentrum war durch den Mauerstreifen und die Regierungssperrzone von West-Berlin komplett abgeschnitten. Die beiden Zentren der polyzentralen Stadt Berlin hatten sich voneinander wegentwickelt. Sie kehrten einander den Rücken zu. Nun mussten die beiden Teile wieder zusammengeführt werden und es musste geklärt werden, welche gesamtstädtischen Aufgaben die wiedergewonnene historische Mitte zukünftig übernehmen sollte.

Während der Teilung der Stadt waren Breitscheidplatz und Kurfürstendamm zur unumstrittenen Mitte für West-Berlin avanciert. Nach der Wiedervereinigung jedoch tat sich der Westen schwer, seine traditionelle Rolle als gleichberechtigtes Pendant zum historischen Zentrum auszufüllen. Allein die Großprojekte Potsdamer Platz und die Planungen für den Alexanderplatz, aber auch die wichtigen Hauptstadtentscheidungen für den Deutschen Bundestag, das Kanzleramt und

Shortly after the fall of the Berlin Wall and more comprehensively after the decision to move the government from Bonn to Berlin, politicians and above all urban planners, turned their attention towards the historic centre of Berlin. This area had been completely cut off from West Berlin by the border strip and the government exclusion zone. Both centres of the polycentric city of Berlin grew away from each other; they turned their backs on one another. Later, both parts had to be reunited and it remained to be decided what role the historic centre should play in the future, within the context of the city as a whole.

During the period in which the city had been divided, Breitscheidplatz and Kurfürstendamm developed into the undisputed centre of West Berlin. However, after reunification, the West struggled to fulfil its traditional role as an equal counterpart to the historic centre. The large projects Potsdamer Platz and the plans for Alexanderplatz, as well as the important capital city decisions around the German Bundestag, the Kanzleramt and all the ministries, favoured the historic centre, leading Charlottenburg to fall behind.

Luftbild vom Auguste-Viktoria-Platz mit der Kaiser-Wilhelm-Gedächtniskirche, Aufnahme 1934

Aerial photograph of Auguste Viktoria Platz with the Kaiser Wilhelm Memorial Church, taken in 1934

alle Ministerien zu Gunsten der historischen Mitte ließen die Charlottenburger City ins Hintertreffen geraten.

Wichtige Standortentscheidungen, die in der City Ost als sichtbares Zeichen des Aufschwungs bewertet werden konnten, mussten in der City West als Bedeutungsverlust verbucht werden. Der Bahnhof Zoo ging als zentraler Verkehrsknotenpunkt verloren, die Berliner Filmfestspiele residieren nun am Potsdamer Platz, die Arbeitsplätze der Kultur- und Finanzverwaltung wurden nach Mitte verlagert und die Hotellerie im Umfeld des Breitscheidplatzes hat ihre konkurrenzlose Vorrangstellung eingebüßt.

Die Geschäftsinhaber und die Immobilienbesitzer am Kurfürstendamm warnten daher schon früh, dass die gehobene Einzelhandelsstruktur dieser bis dato einmaligen Adresse angesichts der Raumangebote in der Friedrichstraße ins Wanken gerate. Nun ist zwar Konkurrenz gut fürs Geschäft und hebt erfahrungsgemäß das Niveau, jedoch kann es nicht im wirtschaftlichen Interesse der Gesamtstadt sein, den wirtschaftlichen Erfolg des einen Ortes durch den schleichenden Verfall eines anderen zu erkaufen. Und dies umso mehr, da der Breitscheidplatz und seine Umgebung eine Inkunabel des Nachkriegsstädtebaus in Deutschland darstellen.

Such important locational decisions, which could be interpreted in the City East as visible signs of an upturn, implied a loss of significance for the City West. Zoo Station was no longer a central transport node, the Berliner Festspiele now reside at Potsdamer Platz, the offices of the cultural and financial administration were moved to the district of Mitte and the hotels around Breitscheidplatz lost their unrivalled position of privilege.

Business and real estate owners at Kurfürstendamm warned very early on that the hitherto unique high-end retail structure of the area would destabilise in the face of spaces on offer around Friedrichstrasse. And, although competition is good for business and raises standards, as past experience shows, the economic success of one location at the cost of the gradual demise of another cannot be in the economic interests of the city as a whole. Particularly since Breitscheidplatz and the area around it represent an incunabulum of post-war urban planning in Germany.

The area, which was badly damaged in the war, was further developed from the nineteen-fifties starting from its twentieth-century urban blue print and based on the Berlin block structure. However, it was only after it was decided

Basierend auf dem Stadtgrundriss des 19. Jahrhunderts und den Berliner Blockstrukturen wurde der im Krieg stark zerstörte Ort ab den 1950er Jahren weiterentwickelt. Aber erst als die Konzeption für den Wiederaufbau der Kaiser-Wilhelm-Gedächtniskirche durch Egon Eiermann entschieden war, war die Idee für den Ort wiedergefunden – ein Symbol für den hoffnungsvollen Aufbruch aus Ruinen. Die Leuchtkraft des zentralen Kirchenbaus setzte wiederum den künstlerischen Maßstab für die weitere bauliche Entwicklung.

Den Gestaltungsprinzipien der Moderne folgend, wurde der Platz danach mit der Kirche als Mittelpunkt bis zum Ende der 1970er Jahre baulich vollendet mit Bauten wie der Hochhausscheibe Europa-Center, der Gloria-Passage und dem Bikini-Haus, um nur einige zu nennen. Vor dem Hintergrund der ungleichen Entwicklung zwischen Ost und West fielen in den frühen 90er Jahren die Entscheidungen des Senats für den Ausbau der Messe, für den Neubau der Börse und für zwei positive Baubescheide im näheren Umfeld des Breitscheidplatzes: die Hochhausscheibe der Victoria Versicherung hinter dem Café Kranzler und der Hochhausturm der Brau & Brunnen AG, das Zoofenster. Gerade die beiden letzteren Entscheidungen hatten eine starke Wirkung, da Hoch-

to support Egon Eiermann's concept for the reconstruction of the Kaiser Wilhelm Memorial Church that a vision for the area was really established – a symbol of hopeful revival out of the ruins. The luminosity of the central church building further set the artistic standards for developments to follow.

In the nineteen-seventies, other buildings – such as the Europa-Center high-rise slab, the Gloria-Passage and the Bikini-Haus to name but a few – were all built according to Modernist design principles, to complete the square, whose centre was formed by the church. Against the background of the unequal development of east and west, in the early nineteen-nineties, the Senate decided to upgrade the city's trade fair grounds, to build a new stock market, and to grant planning permission to two projects in close proximity to Breitscheidplatz – the Victoria Insurance high-rise slab behind Café Kranzler and the Brau & Brunnen AG high-rise tower, the Zoofenster. The two latter decisions in particular had great effect because, until that time, high-rises were considered to be an irrefutable sacrilege. This therefore gave a signal – not only to planners – that comprehensive spatial changes were also on the horizon in the west of the city.

häuser bis dato als unumstößliches Sakrileg galten, und ließen nicht nur die Planer ahnen, dass in der City West ebenfalls umfassende Änderungen Raum greifen würden.

Der zunehmende Verfall des Breitscheidplatzes wurde aber immer spürbarer und offenbarte dringenden Handlungsbedarf. Immer weiter ansteigender Leerstand, Billigangebote und ein unkontrollierbar werdendes Umfeld mit Marktbuden bis fast in die Kirche hinein bestimmten den Alltag des Breitscheidplatzes und begannen den tödlichen Kreislauf, den wirtschaftlich sensible Innenstadtbereiche nur schwer verkraften können. Die Stimmung auf dem Platz mit seiner einmaligen Baugeschichte, die von Anbeginn Sinnbild für Modernität, kulturelle Aufgeschlossenheit und tolerante Metropolenstimmung war, drohte in Banalität und Mittelmäßigkeit abzusacken. Und ist das Niveau erst gesunken, wird es nur schwer wieder zu heben sein, angesichts der vergleichbaren Angebote anderswo in der Stadt.

Um diese Entwicklung zu stoppen und um auf die unterschiedlichen Bauvoranfragen einerseits reagieren zu können, andererseits aber auch, um ein von Einzelinteressen unabhängiges Leitbild oder besser Entwicklungskonzept für den Breitscheidplatz zu entwerfen, hat die Senatsbauverwaltung

However, the continuing demise of Breitscheidplatz became increasingly palpable, making it evident that something had to be done. Increasing vacancy, cut-price offers and a landscape of market stalls stretching almost inside the church was becoming uncontrollable and defined everyday life on the square; a vicious circle that economically sensitive inner city areas find difficult to break out of. The ambiance of the public square with its unique architectural history – which was a symbol of modernism, cultural openness and tolerant metropolitan feeling from the beginning – threatened to subside into banality and mediocrity. Once standards have fallen, it is difficult to lift them again, especially if there are comparable offers in other parts of the city.

In 1997, the Senate Department for Urban Development commissioned a study of Breitscheidplatz and its surroundings in order to put a stop to these developments, to allow it to react appropriately to different outline building applications and to be able to create a development concept for Breitscheidplatz independently of the interests of individual parties. The choice of authors fell on the one hand to the Frankfurt architect Christoph Mäckler because, apart from

1997 eine Planungsstudie zum Breitscheidplatz und seiner Umgebung in Auftrag gegeben. Als Autoren fiel die Wahl zum einen auf den Frankfurter Architekten Christoph Mäckler, weil bei ihm nicht nur städtebaulicher und architektonischer Sachverstand zu finden war, sondern auch keine Berührungsängste mit dem Thema Hochhaus zu befürchten waren, und zum anderen auf den Berliner Kunst- und Bauhistoriker Wolfgang Schäche, um die historischen Grundlagen des Ortes nicht aus den Augen zu verlieren.

Zunächst wurden als Ausgangsbasis für die Studie einige konsensuale Thesen aller Beteiligten formuliert:

· Der Breitscheidplatz ist eine herausragende Platzanlage, die die Polyzentralität der Metropole Berlins bereits früh städtebaulich manifestiert hat. Die Gesamtbetrachtung des Ensembles sollte im Vordergrund stehen. Einzelbauvorhaben sind in ihrer Wirkung auf das Ensemble zu beurteilen.

· Die bereits ausgesprochenen Baugenehmigungen für die Viktoria-Versicherung sowie das Zoofenster von Brau & Brunnen sind nicht mehr rückgängig zu machen. Jedes zukünftige Leitbild für das Ensemble Breitscheidplatz muss sich mit diesen Entwürfen auseinandersetzen. Im

being an expert in architecture and urban planning, it was certain that he would have no problems engaging with the idea of high-rise buildings; and on the other hand, to the Berlin art and architectural history Wolfgang Schäche to guarantee that the historical context of the area would not be lost.

A number of consensual theses were formulated as an initial starting point for the study:

· Breitscheidplatz is an outstanding urban square, which manifested the polycentricism of the metropolitan city of Berlin from the beginning. A holistic consideration of the ensemble should be a priority. Individual buildings should be judged within the context of their effect on the ensemble as a whole.

· The planning permission already granted to the Victoria Insurance and the Brau & Brunnen Zoofenster may not be reneged upon. Any future strategy for Breitscheidplatz must take these designs into account. When the strategy has been established, making qualitative changes to the projects will be an option. The design of both of these projects as submitted call into question the position of Breitscheidplatz as a central spatial and architectural

13

Seiten 15–17
Gutachten City West,
Juni 1997

pages 15–17
Planning for City West,
situation in June 1997

Rückschluss auf dieses Leitbild ergibt sich die Möglichkeit, qualitative Veränderungen an den Projekten zu bewirken. Denn beide Baumaßnahmen stellen in ihrer eingereichten Konfiguration den Breitscheidplatz als zentrale räumliche und bauliche Anlage der City West infrage, da sie das bauliche Schwergewicht in Richtung Kurfürstendamm verlagern.

· Der räumliche Schwerpunkt muss wieder auf den Breitscheidplatz verlagert werden, die Kirche ist und bleibt Mittelpunkt der Platzanlage. Die Randbebauungen stehen deshalb in einem Bezug zu dieser Kirche und müssen einen ausgewogenen Rahmen für dieses Gebäude abgeben. Die Randbebauung soll die Kirche wieder eindeutig zentrieren. Um diese Balance wiederherzustellen, sind auch weitere Hochhausüberlegungen kein Sakrileg, sondern notwendiges Mittel der Stadtgestaltung und in die Planungsüberlegungen mit aufzunehmen.

· Die Option auf weitere Hochhäuser entlang des Kurfürstendamms ist auszuschließen.

· Die verkehrlichen, baulichen, öffentlichen und nutzungsspezifischen Defizite des Ortes sollen grundsätzlich und nachhaltig verbessert werden. Das Entwicklungskonzept soll für einen längeren Zeitraum Gültigkeit haben, damit es auch schrittweise realisiert werden kann.

complex within the City West as they are more strongly oriented towards Kurfürstendamm.

· The spatial focus must be redirected back to Breitscheidplatz; the church is and should remain the focus of the urban square. The perimeter buildings must therefore stand in relation to the church and must provide a balanced context for it; they must clearly recentre the church. In order to re-establish this balance, further high-rise buildings should not be considered a sacrilege, they are rather a necessary component of urban design and must be included in planning considerations.

· The option of erecting further high-rise buildings along Kurfürstendamm will not be considered.

· The transport, architectural, public and use-specific deficits of the area should be thoroughly and sustainably improved. The development concept should be relevant within the long-term so that it can be implemented step by step.

After much debate with all affected parties, real estate owners and others, such as the zoo and the church, the following architectural recommendations were made for Breitscheidplatz and its close environs as a result of the study:

· The perimeter buildings and above all the ground floor areas must be as strongly connected to Breitscheidplatz

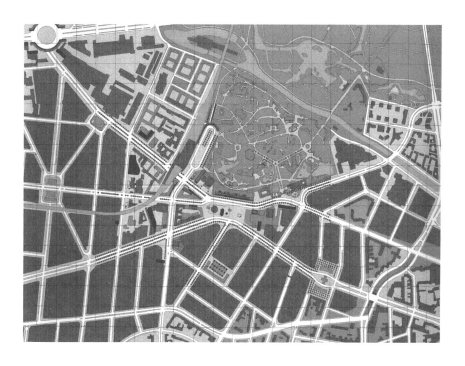

Nach langen Diskussionen mit allen Beteiligten, Immobilienbesitzern und sonstigen Betroffenen wie Zoo und Kirche bildete sich als Ergebnis der Studie folgende bauliche Empfehlung für den Breitscheidplatz und seine nähere Umgebung ab:

· Die Randbebauung und vor allem die Erdgeschosszonen müssen so intensiv wie möglich an den Breitscheidplatz angeschlossen sein, sodass öffentlicher Raum, Geschäfte und Restaurants voneinander profitieren.

· Die desolate Situation an der Kantstraße ist ein Kernproblem. Sie kann die Qualität einer „normalen" innerstädtischen Straße nur zurückgewinnen, wenn sie wie die anderen Straßen wieder an den Breitscheidplatz angeschlossen wird und die Bauten nicht nur Rückseiten und Nebeneingänge zur Kantstraße haben.

Aus diesem Grund wurde in Abstimmung mit dem Bauherrn das bereits genehmigte Hochhausprojekt Zoofenster strukturell nochmals überarbeitet. Ziel war, dass sich das Hochhaus als „Persönlichkeit" vor allem zum Breitscheidplatz positioniert. Da es jedoch auf allen vier Seiten von innerstädtischen Straßen umgeben ist, ist es von hoher Bedeutung, dass das Bauwerk rundum dieser Situation Rechnung trägt. Die Baumasse wurde so überarbeitet, dass die ursprüngliche Hochhausscheibe nicht an der Kantstraße

as possible in such a manner that public space, businesses and restaurants benefit from each other.

· The desolate situation of Kantstrasse is a core problem. It can regain the quality of a "normal" inner-city street if it, like the other streets, is reconnected to Breitscheidplatz, and the buildings have more than just rear and side entrances onto Kantstrasse.

For this reason, the structuring of the already permitted Zoofenster high-rise project was reworked with the consent of the owner. The objective was to position the high-rise building, as a "personality" above all towards Breitscheidplatz. However, the fact that the building is surrounded on all four sides by inner-city streets is of great significance, which the design must comprehensively take into account. The building mass was altered so that the original high-rise slab no longer rises at Kantstrasse to deteriorate the situation on the street by accommodating "rear side" functionality. The reworked high-rise tower now appears in shortened perspective from all street axes and never as a slab. It evolves from a typical Berlin perimeter block structure, from which urban qualities can unfold on all sides.

· The Schimmelpfeng building, whose barricade effect originally defined the problematic situation on Kantstrasse, will be demolished.

aufgetürmt wird und durch „rückseitige" Nutzungen die jetzige Situation der Straße noch verschlechtert. Der überarbeitete Hochhausturm zeigt sich nun von allen Straßenachsen immer in einer verkürzten Perspektive, nie als Scheibe. Er entwickelt sich aus einer typischen Berliner Blockrandbebauung, die rundum urbane Qualitäten entfalten kann.

· Das Schimmelpfeng-Haus, dessen abriegelnde Wirkung ursächlich die problematische Situation der Kantstraße bestimmt, wird abgerissen.

· Als Ausgleich für die verlorene Fläche und als Chance für ein neues Gesamtensemble Breitscheidplatz wird ein neues Turmhaus vorgeschlagen. Dieser Turm sowie das Zoofensterhochhaus formen einen neuen westlichen Platzabschluss. Sie markieren den Auftakt der Kantstraße auf den Breitscheidplatz und pointieren den Blick auf die Kirche. Sie nehmen eindeutig Bezug zur Gedächtniskirche, bleiben jedoch in respektvollem Abstand zu ihr. Die westliche räumliche Kante am Platz selbst bleibt in der Proportion der heutigen Randbebauung.

· Um diese neue Stadtschicht als Raumkomposition wirksam werden zu lassen, sollte mittelfristig ein weiteres Hochhaus angedacht werden, welches die östliche Platzwand analog ergänzt. Erst durch diese Rahmenwirkung wird die Gedächtniskirche wieder eindeutig zentriert. Im Zuge dieser Neubaumaßnahme könnte auch die Gehwegsituation in der Budapester Straße und damit das Angebot in der Erdgeschosszone verbessert werden.

· Der Tunnel in der Budapester Straße wird geschlossen, um das „Zentrum am Zoo" und damit die gesamte nördliche Platzseite besser an den Breitscheidplatz anzubinden.

Diese Handlungsempfehlungen, die in der 1998 vorgelegten Studie zusammengefasst sind, haben vor allem bei dem Projekt Zoofenster Wirkung gezeigt. Nicht nur die zuvor beschriebene Umplanung der Baumassen ist erfolgt, sondern es wurde auch strikt darauf geachtet, dass keine Andienungszonen im Erdgeschoss untergebracht sind und dadurch das Leben im öffentlichen Raum unwirtlich machen. So konnten fast durchgängig Ladenflächen und Restaurants entlang der Bürgersteige angeordnet werden.

Zudem ist auch eine für den Ort viel verträglichere Nutzung verwirklicht worden. Die ehemals durchgängige gewerbliche Nutzung wurde durch eine große Hotelnutzung mit Bar, Café und Restaurants ergänzt. Das Hotel und die dazugehörenden Gastronomiebereiche wurden bewusst in den unteren Etagen, also nahe am öffentlichen Raum, positioniert. Auch für die weiteren Hochhäuser am Breitscheidplatz wäre eine multifunktionale Nutzungsmischung, evtl. sogar eine Wohnnutzung wünschenswert. Denn eine rege Benutzung des öffentlichen Raumes durch Hotelgäste, Bewohner, aber auch durch die Büroangestellten ist und bleibt an jedem Ort die beste Garantie auf Erfolg.

· A new tower building is proposed to compensate for lost floor space and as an opportunity for a new overall ensemble at Breitscheidplatz. This tower, along with the Zoofenster high-rise building, will form a new western edge of the square. They mark the build-up from Kantstrasse to Breitscheidplatz and underline the view to the church. They clearly focus on the Kaiser Wilhelm Memorial Church, however they remain at a respectable distance from it. The western spatial edge of the square itself remains in the proportions of the current perimeter building.

· In order to make this new urban layer part of an effective spatial composition, in the medium term a further high-rise should be planned, which correspondingly completes the eastern edge of the square. The Kaiser Wilhelm Memorial Church will be clearly recentred as a result of the framing effect of this. Within the context of these new buildings, the footpath situation in Budapester Strasse and with it the ground floor offer, should be improved.

· The Budapester Strasse tunnel will be closed in order to better connect the "Centre at Zoo" and the whole northern edge to Breitscheidplatz.

These recommended actions, which are summarised in the study presented in 1998, mainly took effect in the Zoofenster project. Not only did the previously-described re-planning of the building masses take place, strict care was also taken that no delivery areas should be located on the ground floor which would have a negative effect on the vitality of the public space. It was therefore possible to place shops and restaurants almost without interruption along the footpaths.

Formerly entirely commercial uses have been complemented by a large hotel with a bar, café and restaurants. The hotel and associated catering facilities have been deliberately placed on the lower floors and therefore in close proximity to public space. A multi-functional mix of uses, maybe even including residential use, would be desirable for further high-rise buildings to be erected at Breitscheidplatz. After all, active use of public space by hotel guests, residents and office workers remains the best guarantee for the success of any area.

I would thus like to congratulate the owner and the architect on this building, which is a success from all perspectives; the Zoofenster has significantly improved both the spatial situation and the public space in the area, and I can only hope that the missing building blocks around Breitscheidplatz will be completed as soon as possible.

* This text is an altered and shortened version of my introduction to the compatibility study "Breitscheidplatz and its Surroundings" by the Senate Department of Building, Housing and Transportation, 1998.

So kann ich nur dem Eigentümer und dem Architekten zu dem in jeder Hinsicht gelungenen Bauwerk gratulieren, weil durch das Zoofenster sowohl die räumliche Situation wie auch der öffentliche Raum deutlich verbessert wurden und ich kann nur hoffen, dass die noch fehlenden Bausteine rund um den Breitscheidplatz möglichst bald komplettiert werden.

* Dieser Beitrag entspricht in zum Teil veränderter und gekürzter Form meiner Einleitung zu der Verträglichkeitsstudie „Breitscheidplatz und seine Umgebung" der Senatsverwaltung Bauen, Wohnen und Verkehr von 1998

Barbara Jakubeit, geb. 1945, studierte an der TU Karlsruhe Architektur und Stadtplanung. 1973 legte sie die Zweite Staatsprüfung ab und war danach als Entwurfsarchitektin bei der Bauverwaltung Baden-Württemberg tätig. Von 1990 bis Ende 1994 war sie Präsidentin der Bundesbaudirektion in Berlin und Bonn. Dezember 1994 wurde sie ordentliche Professorin an der TU Darmstadt, Lehrstuhl für Entwerfen und Raumgestaltung. Von 1996 bis Ende 1999 war sie Senatsbaudirektorin in Berlin. Von Herbst 2000 bis 2005 war sie Vorstandsmitglied bei der Fraport AG, Frankfurter Flughafen. Seit 2006 freiberufliche Beratungstätigkeiten.

Barbara Jakubeit, Barbara Jakubeit, born in 1945, studied Architecture and Urban Planning at Karlsruhe University of Technology. In 1973, she passed the Second State Examination and then worked as a planning architect for Baden Wurttemberg Building Authority. She was president of the Federal Building Authority from 1990 to the end of 1994. In 1994, she became a fully tenured professor at Darmstadt University of Technology at the chair for Building Construction and Design. She was Berlin Senate Building Director from 1996 until the end of 1999. She was a member of the board of Fraport AG, Frankfurt Airport from Autumn 2000 until 2005. She has been working as an independent consultant since 2006.

Der Breitscheidplatz 2009
mit Schimmelpfenghaus

Breitscheidplatz with the
Schimmelpfeng building in 2009

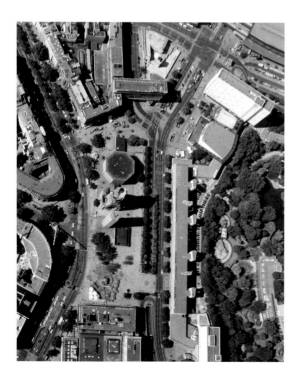

DAS „ZOO-FENSTER".
ZUR ARCHITEKTUR VON CHRISTOPH MÄCKLER
Bernhard Schulz

THE "ZOO-FENSTER" BUILDING.
ON THE ARCHITECTURE OF CHRISTOPH MÄCKLER
Bernhard Schulz

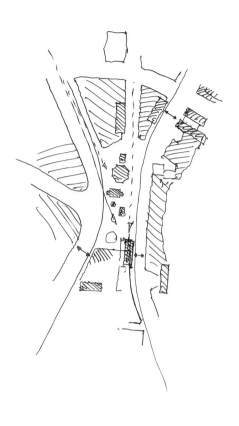

Der Neue Westen Berlins ist – wie der (wenn auch kaum noch gebräuchliche) Begriff verrät – kein historischer Ort. Der Bahnhof Zoo entstand erst 1882 als Station an der neu geschaffenen „Stadtbahn", und erst nach dem Ersten Weltkrieg blühte die Gegend zu jenem „zweiten Zentrum" Berlins auf, als das sie sich heute, nach der Rückorientierung Berlins auf seine historische Mitte im Zuge der Wiedervereinigung der mauergetrennten Stadt, zu behaupten sucht. Abwechselnd werden Niedergang und Aufbruch verkündet. Dass für das eine wie für das andere nicht der flinke Austausch irgendwelcher Bekleidungsgeschäfte oder Elektronikmärkte maßgeblich ist, müsste sich als Erkenntnis eigentlich verbreitet haben. Vielmehr kommt es auf die städtebauliche und architektonische Qualität eines Ortes an, die überhaupt erst den jeweiligen, oft so flüchtigen oder zumindest sensiblen Nutzungen Halt und Dauer gewährt.

Rings um den Bahnhof Zoo ließ sich das über die Jahrzehnte hinweg feststellen. Die nähere Umgebung besaß auch nach den Verheerungen des Zweiten Weltkriegs für lange Zeit jene Ausstrahlung, die sie für Bewohner und Gäste stets aufs

The new West Berlin is, as its almost obsolete name gives away, not a historic location. Zoo Station was only established in 1882 as a stop on the newly-built "Stadtbahn" urban rail system and it was only after the First World War that the area started to blossom into Berlin's "second centre". It is currently trying to re-establish that position now that Berlin is reorienting towards its historic centre after the reunification of the formerly divided city. The area has alternately experienced downfall and revival. As should be common knowledge by now, quickly exchanging clothes or electronic goods stores for other shops is not what makes the difference to either. That depends much more on the urban context and architectural quality of a place as they provide hold and permanence when uses are often so fleeting or at least sensitive.

This has been the case all around the Zoo Station area for years. Even after the destruction caused by the Second World War, its closer environs have long emanated the kind of vibe that always made them attractive to residents and visitors alike. The Zentrum am Zoo (Centre at Zoo, see p. 12),

Der Breitscheidplatz
ohne Schimmelpfenghaus

Breitscheidplatz without
the Schimmelpfeng building

Neue anziehend machte. Das „Zentrum am Zoo" (Abb. S. 12), wie es in den 1950er Jahren euphorisch genannt wurde, gab der geschundenen Gedächtniskirche Halt und verband den neu gestalteten Breitscheidplatz mit dem niemals ansehnlichen, doch auf geheimnisvolle Art unverwüstlichen Bahnhof, einerlei, wie oft und wie gründlich an ihm herumgebaut oder eher -gebastelt wurde. Schwarz-Weiß-Fotografien der Ursprungszeit zeigen eine leichte, schwebende Architektur inmitten der Brachen, die nach der „Enttrümmerung" von der einst dichten Bebauung geblieben waren. Das Brückenhaus über der Kantstraße stand auf den von Le Corbusier zum Dogma erhobenen Betonstützen, das „Bikini-Haus" verdankt seinen Namen einem später verschlossenen Luftgeschoss.

Eine regelrechte Furcht vor der physischen Präsenz des Materials, auch vor jedem Verweis auf die Tektonik des Bauens beherrschte die Architektur der unmittelbaren Nachkriegszeit. Es ist kein Zufall, dass etwa Pläne oder besser Visionen eines Flugplatzes direkt am Bahnhof Zoo aufkamen. Das Provisorische wurde zum einzig Bleibenden, akzentuiert durch wechselnde Lichtreklamen, die der City West eine Anmutung, ja die Illusion des Großstädtischen geben sollten und so denn auch auf zeittypischen Postkarten abgebildet wurden.

Mit dem „Zoofenster" genannten Ensemble hat nun eine andere Auffassung von Architektur Gestalt gewonnen. Der Komplex aus Sockelgebäude und Hochhaus besetzt das gesamte dreieckige Grundstück. Die Fluchtlinien werden befolgt, wobei die kantige Ecke an der zum Platz weisenden Grundstücksspitze durchaus auch als bewusste Abgrenzung vom gerundeten Vorgängerbau verstanden werden kann. Was allerdings sofort ins Auge springt, ist die Solidität des Gebäudes, seine Materialität. Das ist ein steinernes Gebäude, sagt es dem Betrachter, auch wenn die Natursteinfassade selbstverständlich nicht das konstruktive Gerüst des Hochhauses darstellt. Sie ist im Übrigen großzügig befenstert. Mäckler baut schließlich nicht so, wie es in den USA nach dem Wettbewerb für den Chicago Tribune Tower von 1922 eine Zeit lang üblich wurde, nämlich in Vorspiegelung einer fantastischen Hochgotik mit Strebbögen und Fialen. Es gibt bei ihm keinen Zierrat. Vielmehr sind die zahlreichen, regelmäßig gesetzten Fenster in dünnen Metallprofilen gehalten, wie um die Steinfassade nicht zu sehr zu unterbrechen. Erst in den obersten Geschossen zeigt sich, was dem Gebäude den Namen gab: eine den Turm an drei Seiten umfangende und über mehrere Geschosse reichende Verglasung mit der Ausrichtung auf den Zoologischen Garten.

Materialität bedeutet nicht nur den Einsatz haptischer Materialien, es bedeutet bei Mäckler zudem die Sorgfalt der Bearbeitung. Die Steinplatten sind sorgfältig versetzt, sie sind erkennbar nicht vor ein Stahlgerüst geklebt, sondern

as it was euphorically titled in the nineteen-fifties, gave a foothold to the battered Kaiser Wilhelm Memorial Church and connected the reconfigured Breitscheidplatz with this never particularly respectable, yet mysteriously indestructible station, regardless of how often and to what extent it was refurbished, or more precisely tinkered with. Black-and-white photos of that time, depict a light, floating architecture in the midst of the empty spaces that were left after rubble clearance of what used to be a densely built-up area. The bridge building over Kantstrasse stood on concrete pillars that were born of the Le Corbusier dogma, the "Bikini building" got its name from an open-air, in-between storey, which was later enclosed.

This immediately post-war architecture was characterised by a downright fear of the physical presence of materials and of any evidence of the tectonics of construction. It is no coincidence that plans, or more precisely visions, were developed for an airstrip right at Zoo Station. The provisional became lasting, accentuated by alternating neon signs intended to give a metropolitan touch or even illusion to the City West, as postcards so typical of that period depict.

The ensemble known as the "Zoofenster" has given shape to a new concept of architecture. The complex consisting of a plinth building and high-rise occupies all of its triangular site. Lines of sight are adhered to, and the angular corner at the tip of the site, facing a public square, can be understood to establish an intended distance to its rounded predecessor building. One aspect that is immediately noticeable is the solidity of this building; its materiality. "This is a stone building," it says to the observer, although its natural stone façade obviously does not serve as the structural framework. There are also, incidentally, a generous number of windows. After all, Mäckler does not build, as became common in the USA for a time after the Chicago Tribune Tower competition in 1922, affectations of fantastical high-gothic with flying buttresses and pinnacles. There is no place for ornament in his work. On the contrary, the numerous, regularly placed windows are held in place by thin metal profiles as if not to interrupt the stone façade too much. The component from which the building gets its name only reveals itself on the top most levels: vitrification, which stretches over several storeys, surrounding the tower on three sides and oriented towards the Zoological Garden.

Materiality is not just a matter of applying haptic materials; in Mäckler's work, it is also about the precision with which it is worked. The stone slabs have been carefully offset, enveloping the building rather than merely being stuck onto a steel framework. Those of the plinth building have further been horizontally ribbed so that the continually changing daylight correspondingly creates an alternating pattern of light and shade; just like the Opernturm in Frankfurt am

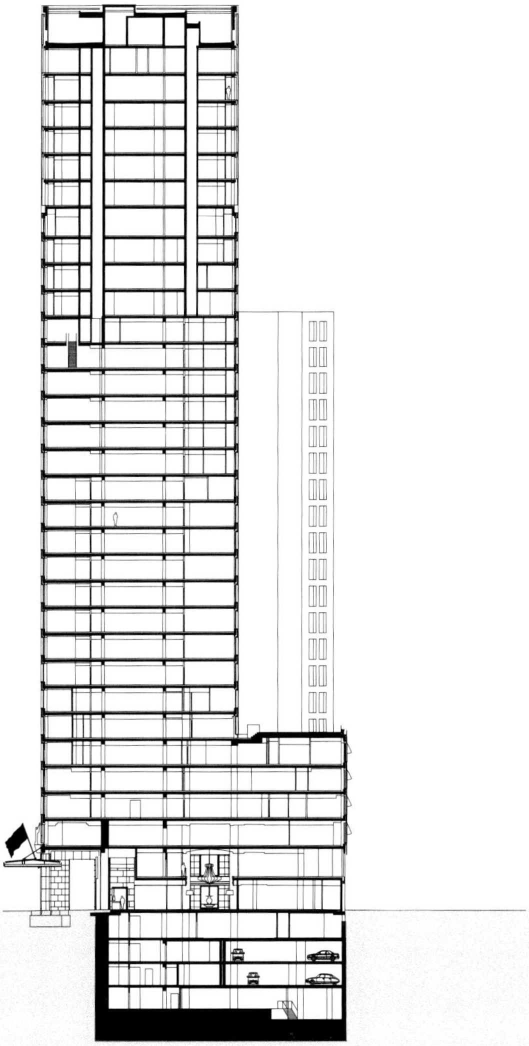

Technical rooms

31st Floor: Hotel Presidental suite

30th Floor: Hotel Ambassador suites

22nd – 29th Floor: Hotel Tower suites

16th – 21st Floor: Offices

5th Floor: Hotel Wellness Area / Spa

3rd – 15th Floor: Hotel rooms

2nd Floor: Hotel Conference Area / Ball Room
1st Floor: Hotel Restaurant / Bar / Lobby aerial space
Ground Floor: Hotel Lobbies / Office Lobbies / Retail / Café

Underground parking / Technical rooms

umfangen den Baukörper. Beim Sockelbauwerk sind sie zudem horizontal geriffelt, um mit dem ständig sich ändernden Tageslicht ebenso veränderliche Licht-Schatten-Reliefs zu erzeugen; wie schon beim – übrigens zur gleichen Zeit entworfenen und beinahe in der gleichen Zeitspanne errichteten – Opernturm in Frankfurt am Main (▶ S. 77). Noch früher und ebenfalls in Berlin ist dies zu beobachten beim 1996 fertiggestellten Lindencorso. Über dieses Vorgehen hat Mäckler eine grundsätzliche Feststellung getroffen. „Die Schönheit der Gesamtform muss sich in der Nähe des Details bestätigen", so Mäckler mit Blick auf den Automobilbau: „Zunächst ist es die formale Ausgestaltung, dann aber auch die Materialität, die dem prüfenden Auge gefallen muss. Jedes Material für sich und in Kombination ruft in uns die verschiedensten Gefühle hervor. Aber erst der Kontakt gibt uns das Gefühl für Qualität. So ist es beim Bauwerk. Das Angreifen lehrt das Begreifen."

Die Betonung von Materialität, nicht nur verstanden als Schwere, als Last, sondern überhaupt als Rückgriff auf frühere Mittel und Methoden, ist ein auffälliges Merkmal der jüngeren Architektur. Man muss nur an die Renaissance des Holzbaus denken oder auch an das Bauen mit massivem Naturstein. Nun ist das Be-Greifen, Betasten, Befühlen in der Architektur schwieriger als beim von Mäckler beispielhaft herangezogenen Automobil. Die Haptik muss sich beinahe allein über das Auge erschließen. Der Architekt spricht selbst davon, man müsse Bauwerke „mit dem Auge ertasten und körperlich erfahren, bevor man sie beurteilen kann". Wenn die Moderne des International Style auf Entmaterialisierung eingeschworen war, so müsste Mäckler einer konservativen Gegenbewegung zugezählt werden; oft genug hat er ja mit der Etikettierung als „Konservativer" gespielt. Doch das trifft es nicht ganz. Mäckler will bewahren, das Handwerk, die Qualität der Ausführung, die Fülle einzelner Architekturmotive. Aber er will nicht tradierte Architektur repetieren, sondern ein – sagen wir es ruhig so – werthaltiges, wertorientiertes Bauen in die Moderne überführen. Der Architekturhistoriker Dieter Bartetzko prägte das schöne Wort von den „Metamorphosen des Alten". So hält Mäckler, um nur ein Element zu benennen, an der Dreiteilung des Bauwerks in Sockel, Schaft, gleich aufsteigendem Gebäude, sowie Bedachung oder Abschluss fest. Der Sockel muss sich nicht notwendig in einem eigenen, abgesetzten oder hervortretenden Baukörper zeigen. So wächst der Frankfurter Opernturm an seiner Straßenseite ebenso unmittelbar in die Höhe, wie er auf der Seite aus dem Grün des angrenzenden Parks herauswächst.

Ohne die fundamentale Verschiedenheit der westlichen Stadtteile Frankfurts gegenüber der Berliner City West übersehen zu wollen, sei doch die Behauptung gewagt, dass an beiden Standorten Hochhäuser keinen Einbruch in eine

Main (▶ p. 77) – which was incidentally designed at the same time and erected almost in parallel. This can also been seen in the even earlier Lindencorso, in Berlin too, completed in 1996. Mäckler made a basic observation about this approach, "The beauty of the whole form must be confirmed by its details." According to Mäckler, when considering automotive engineering: "Initially the formal configuration, but then the materiality, must please the observing eye. Each material alone and in combination brings up the most diverse feelings within us. However, it is only when we touch that we feel the quality. That's how it is with a building. Touch teaches understanding."

An emphasis on materiality, not just perceived as weight, as a burden, but as a regress to former ways and means, is a noticeable feature of recent architecture. One must only consider the renaissance that timber structures are going through or construction using massive natural stone. Yet comprehending, touching, feeling in architecture are more complex than in the case of the automobiles referred to by Mäckler. Haptics almost have to be perceivable to the eye. The architect speaks about it himself, one must "touch buildings with the eye and physically experience them before one can judge them." If the modernism of the International Style was committed to de-materialisation, then Mäckler would have to be associated with a conservative counter-movement; he has played on his labelling as a "conservative" often enough. However, that doesn't quite hit the mark. Mäckler wishes to preserve the handcraft, the quality of execution, the abundance of architectural motives. Yet, rather than striving to repeat traditional architecture, he wishes to – lets put it like this – translate valuable, value-oriented construction into modernism. The architectural historian Dieter Bartetzko coined the wonderful term "metamorphosis of the old." Just to mention one aspect of that, Mäckler sticks to the division of the main structure into plinth, shaft, equal to the rising building, and roof or conclusion. The plinth does not necessarily have to be expressed in the shape of an individual recessed or protruding building volume. In that sense, the Frankfurt Opernturm rises directly upwards on the street side just as it grows out of the neighbouring park on the green side.

Without wanting to overlook the fundamental differences between the western part of Frankfurt and West Berlin, the bold assertion could be made that on both sites high-rises no longer imply an intrusion into an intact cityscape; not a break in the sense that was painfully felt in Frankfurt's Westend in the nineteen-sixties and seventies. In the area around Berlin Zoo, the task is not to restore something that has long been destroyed but rather to reimplant lost urban and architectural qualities, as this triangle from which the Zoofenster ensemble rises, demonstrates in exemplary

Hardenbergstraße

Entrance Hall

Retail

Café

Joachimstaler Straße

Lobby

Retail

Kantstraße

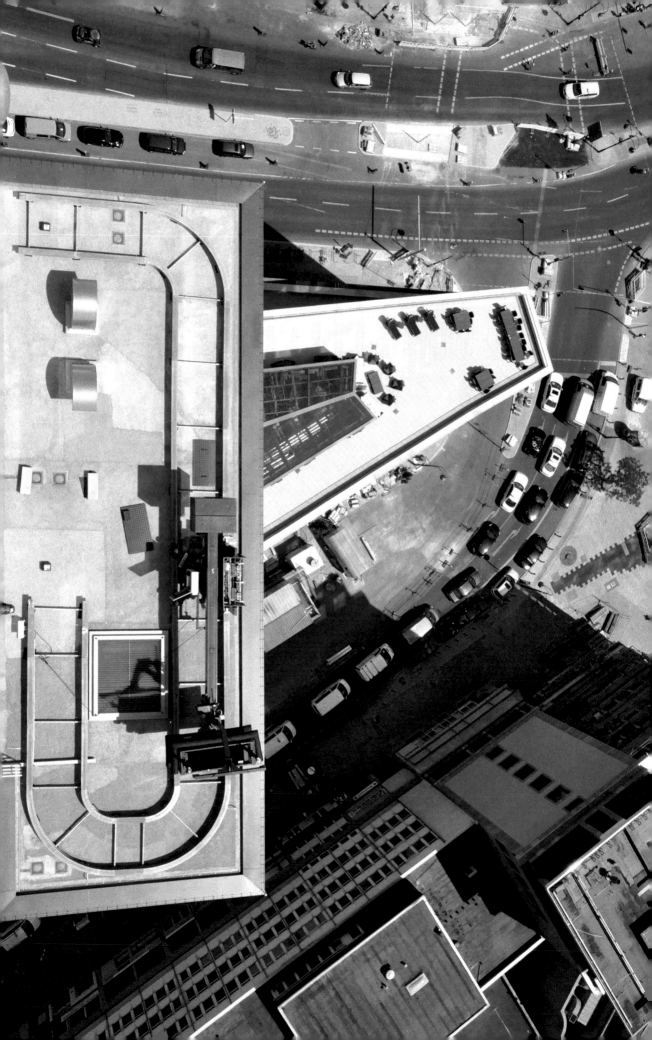

intakte Stadtlandschaft mehr bedeuten, keinen Bruch, wie dies im Frankfurter Westend der 1960er und 70er Jahre schmerzlich zu empfinden war. In der Berliner Zoo-Gegend ist nicht die Bewahrung des ohnehin längst Zerstörten die Aufgabe, sondern die Re-Implantierung verlorener stadträumlicher und architektonischer Qualitäten, wie sie dieses Dreieck, auf dem sich das Zoofenster-Ensemble erhebt, beispielhaft vorführt. „Am Beginn des 21. Jahrhunderts", hat Mäckler vor Jahren bereits geschrieben, „kann als ‚Avantgarde' nur noch jene Architektur benannt werden, die den Ort und seine Architektur als einheitliches städtisches Bauwerk, als Ensemble zu verstehen sucht." Das sich vor Augen zu führen, fällt in der Zoo-Gegend schwerer als in der Nachbarschaft der Alten Oper Frankfurts; aber auch in Berlin kommt es darauf an, das vorhandene Straßengeflecht wieder zu einem städtischen Ganzen auszufüllen.

Damit rückt der Begriff des „Kontextes" in den Vordergrund. Mäckler hat stets den „ortsgebundenen Charakter" des Bauens betont. Das genau steht in deutlichem Gegensatz zur „weißen" Moderne, die eine universelle Architektursprache entwickelt zu haben glaubte. Ortsgebundenheit ist umso schwieriger zu bewahren, als die fortschreitende Globalisierung ohnehin die prägenden Charakteristika eines Ortes abschleift. Bankhäuser werden auch in Frankfurt nicht mehr aus rotem Main-Sandstein errichtet. Es bedarf der selbstbewussten Bauverwaltung Hamburgs, um den norddeutschen Backstein als weiterhin dominierendes Material zu bewahren. Dass gerade der Backstein kein gleichbleibendes, langweiliges Material ist, hat Mäckler in Berlin gezeigt, mit dem Erweiterungsbau der Lévi-Strauss-Oberschule im Ortsteil Köpenick, der in massivem Mauerwerk ausgeführt ist und geradezu expressionistische Reliefs durch diagonal gestellte sowie vorspringende Steine aufweist. Der Kontrast von Ziegel und – teils durchaus skulptural gestaltetem – Beton im übrigen axialsymmetrischen Ergänzungsbau zwischen den beiden ihrerseits spiegelbildlichen Altbauten liefert geradezu eine Etüde zum Thema Materialität.

Und zum Thema Geschichte. Geschichte bedeutet Erinnerung oder auch Evokation. Erstaunlich zahlreich sind in Mäcklers Œuvre die Beispiele behutsamer Sanierung und Rekonstruktion historischer Bauten. Solche Aufgaben zwingen zur Klärung. Was kann und soll erhalten werden, was muss ergänzt oder gar ersetzt werden? Das lässt sich kaum besser als am Um- und Neubau des Freiburger Augustinermuseums (▶ S. 77) erkennen. Die Kirche des einstigen Augustinerklosters, ihrerseits im Barock erheblich umgebaut, wurde 1823 zum Stadttheater gestaltet und auch weiterhin verändert; 1910 dann vollständig entkernt und nunmehr zum Museum umgeformt. Nun, 2002, standen eine umfassende Sanierung und museologische Modernisierung an. Die Schilderung Mäcklers von seinem ersten Besuch des Augustinermuseums

fashion. "In the early twenty-first century," Mäckler wrote years ago, "only architecture that strives to comprehend the place and its architecture as a unified urban structure, can be considered to be 'avant-garde.'" This is harder to comprehend in the area around Berlin Zoo than in the neighbourhood of the old Opera in Frankfurt; however, in Berlin it is also a matter of filling out the existing network of streets to make them into an urban whole.

The term "context" thus comes to the fore. Mäckler has already emphasised the "location-bound character" of building, which is precisely what stands in clear contrast to the "white" modernism that believed it had developed a universal architectural language. Being tied to a specific location is even more difficult to preserve as progressive globalisation grinds down the formative characteristics of places. Bank buildings are no longer erected in red Main sandstone in Frankfurt. Hamburg's self-confident building authority plays an important role in preserving north-German brick as the dominant material there. Mäckler demonstrated in his extension to the Lévi-Strauss-secondary school in the Berlin borough of Köpenick that even brick is not a routine, boring material; the building has been erected in massive brickwork, diagonal as well as protruding bricks creating almost expressionist reliefs. The contrast between brick and – partly by all means sculpturally configured – concrete, in this axial-symmetrical extension building between two mirror-image old original buildings, could almost be said to represent a study of materiality in themselves.

And on the topic of history; history means memory or evocation. There are a surprisingly large number of examples of the careful renovation and reconstruction of old buildings in Mäckler's oeuvre. Such tasks call for clarification. What can and should be kept, what must be extended or even replaced? That can hardly be better demonstrated than in the restructuring and new construction of Freiburg's Augustiner Museum (▶ p. 77). The church of the former Augustinian monastery which, was for its part considerably altered during the baroque era, was converted into a city theatre in 1823 and was also subject to further alterations before being completely gutted in 1910 and turned into a museum. Then, in 2002, the time came for comprehensive redevelopment and museological modernisation. This description by Mäckler of his first visit to the Augustiner Museum reveals his basic approach: although it was possible "to recognise destruction and revisions from previous times," it still remained "a space that breathes history. And it breathes it because these additions don't try to escape the history of the place or to demonstratively distance themselves from it, as building preservation often still demands, because one change seems to have led to the next (...)."

Ballsaal im 2. Obergeschoss

Ballroom on the second floor

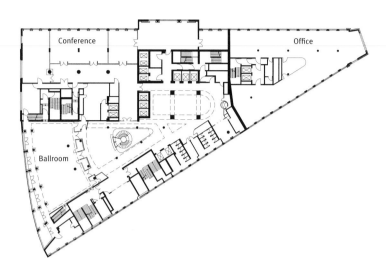

lässt sich als grundsätzliche Haltung erkennen: Zwar seien dem Raum „Zerstörung und Überarbeitung vergangener Zeiten anzusehen", doch bleibe er „ein Raum, der Geschichte atmet. Und er atmet diese, weil die Ergänzungen nicht versuchen, der Geschichte des Ortes zu entkommen oder sich demonstrativ von ihr abzusetzen, wie es die Denkmalpflege oft noch immer fordert, sondern weil sich eines zum anderen ergänzt (...)."

Man mag darin durchaus einen romantischen Gedanken erkennen: den der Kontinuität und sogar des Überspringens geschichtlicher Abstände. Nebeneinander wurden unterschiedliche Zeitschichten durch Freilegungen sichtbar gemacht, ohne dass unmittelbar ansichtig würde, welche Eingriffe welcher Epoche zuzuordnen sind. Eben dadurch entsteht jenes historische Kontinuum, das radikal abzustreifen das Bestreben der klassischen Moderne des frühen 20. Jahrhunderts war. Vergegenwärtigung kann allerdings auch ohne materielle Zeugnisse der Vergangenheit gelingen, so wie beim Neubau des Ausstellungshauses Portikus auf der Frankfurter Maininsel (▶ S. 77), die die Alte Brücke überquert. Das neue – und zwar kompromisslos zeitgenössische – Bauwerk ruft die Gestalt einstiger Brückenhäuser und Mühlen auf, es erinnert an etwas, das nicht mehr ist und nicht mehr sein kann, doch im kollektiven Gedächtnis fortlebt. Bezeichnenderweise entzündete sich ein Disput um das noch dazu von zwei überstehenden Giebeln eingefasste, steile Satteldach, das Verfechter der zum Dogma geronne-

Perhaps there is a romantic notion hidden here: that of the continuity and even the skipping over of historical intervals. Exposure has revealed different layers of time alongside one another without necessarily showing which interventions can be attributed to which era. That is precisely what creates this historical continuum, which the classical modernism of the early twentieth century radically strove to strip away. However, such insights can also be had without material witnesses from the past, just as in the new exhibition building Portikus in Frankfurt on a small island in the River Main (▶ p. 77), which the old bridge passes over.

This new – and uncompromisingly contemporary – building invokes the shape of former bridge building and mills, reminding of something that no longer remains and can no longer remain although it lives on in collective memory. Tellingly, a dispute erupted around the steep gabled roof bordered by two projecting gables, which were rejected by proponents of dogmatic Modernism. It is against such ignorance – more in the literal sense of lack of knowledge – that Mäckler raises his voice.

Materiality, handcraft, context, memory are all terms that can be used to describe the architecture of Christoph Mäckler. He is conservative to the extent that he preserves the tried and trusted; however, with the aspiration to keep it vibrant and contemporary. Memory as a reflective activity already makes it impossible to merely repeat the past. Mäckler's high-rise buildings, such as the Berliner Zoofen-

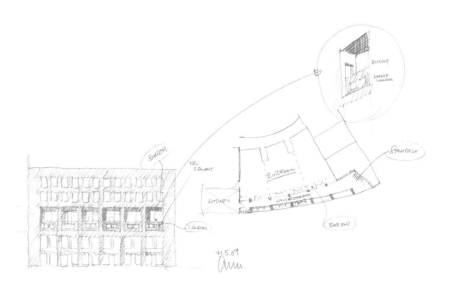

41

Kantstraße mit Blick
auf die Gedächtniskirche

Kantstrasse, looking towards
the Memorial Church

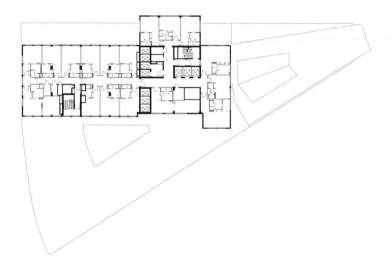

nen Moderne ablehnten. Es ist diese Ignoranz – mehr im Wortsinn der Unwissenheit –, gegen die Mäckler seine Stimme erhebt.

Materialität, Handwerklichkeit, Kontext, Erinnerung, das sind Begriffe, mit denen sich die Architektur Christoph Mäcklers beschreiben lässt. Er ist insoweit konservativ, als er Bewährtes bewahrt; aber mit dem Bestreben, das Bewährte lebendig und also zeitgemäß zu halten. Schon die Erinnerung als reflexive Tätigkeit macht es unmöglich, Vergangenes bloß zu wiederholen. So stehen Mäcklers Hochhausbauten wie das Berliner Zoofenster als dezidiert zeitgenössische Entwürfe da. Aber eben als solche, die ihre baugeschichtlichen Ursprünge wie auch die intellektuelle Arbeit, die sie hervorgebracht hat, nicht verschämt leugnen oder großsprecherisch übertönen müssen.

Bernhard Schulz, geboren 1953, ist seit 1987 Redakteur im Feuilleton des Berliner *Tagesspiegel* und seit 2008 Vizepräsident des Internationalen Kunstkritikerverbandes AICA, Sektion Deutschland. Nach dem Studium der Politologie, Volkswirtschaft und später der Kunstgeschichte war er neben Lehraufträgen an Berliner Universitäten (Kulturmanagement und -ökonomie) und seiner Tätigkeit als Kritiker auch als Ausstellungskurator tätig. Er ist Autor zahlreicher Beiträge in Fachzeitschriften, Sammelbänden und Ausstellungskatalogen.

ster, therefore decidedly stand as contemporary designs. However, as designs that neither ashamedly deny nor boastfully exaggerate their architectural historical origins nor the intellectual work that yielded them.

Bernhard Schulz, born in 1953, has been editor of the arts section of the Berliner *Tagesspiegel* since 1987 and vice-president of the Germany branch of the International Association of Art Critics AICA since 2008. After studying Political Science, Economics and later Art History, he has been a lecturer of Cultural Management and Economics at universities in Berlin, an art critic, and an exhibition curator. He has written many contributions to professional journals, anthologies and exhibition catalogues.

Bürogeschoss
Office floor

Suite

Suite

Foulonssee
25.03.09

VISUELLER AUFTAKT.
DAS ZOOFENSTER: EIN BEITRAG ZUR
NEUORDNUNG DER CITY WEST
Hans-Joachim Müller

VISUAL PRELUDE.
THE ZOOFENSTER: TOWARDS A NEW
CITY WEST
Hans-Joachim Müller

Berlin hat keinen Times Square, keinen Piccadilly Circus, keine Place de la Concorde. Dem Alexanderplatz mit seinen Spuren sozialistischer Baukultur und den Schnellbauten der Nachwendezeit fehlt das metropolitane Gepräge geradeso wie dem neu als „City West" bezeichneten Gelände um das Ruinendenkmal der Gedächtniskirche. Ost und West haben sich noch immer keine neue Mitte geschaffen. Und man ist froh um jedes architektonische Zeichen, das nicht bloß der kapitalistischen Hybris der Boom-Zeit geschuldet ist.

Nachts ist das neue Zeichen so sichtbar wie am Tag. Das Licht aus dem siebengeschossigen gläsernen Aufsatz, mit dem Christoph Mäcklers Zoofenster-Hochhaus abschließt, strahlt wie ein gigantischer, weithin sichtbarer Leuchtturm und vermischt sich mit dem Gefunkel um den Breitscheidplatz zu einem städtischen Lichtereignis, in dem das tiefe Blau, das aus Egon Eiermanns neuer Gedächtniskirche dringt, einen aparten Kontrast bildet.

Tagsüber erscheint das Gebäude wie ein ruhender Baukörper, der sich mitten in der Stadthektik ausgestreckt und aufgerichtet hat und das dynamische Leben um ihn herum ein

Berlin does not have a Times Square, a Piccadilly Circus, a Place de la Concorde. Alexanderplatz, with its traces of socialist building culture and the rapid construction of post-wall times, is missing the metropolitan stamp, just as is the area around the monumental ruins of Kaiser Wilhelm Memorial Church, which has recently come to be known as "City West." East and West still don't have a centre and you can be grateful for any architectural sign that is not merely a product of boom time capitalist hubris; architecture that represents a vision for this city, in which the pride of being the German capital is not yet to be seen.

The new landmark building is equally visible night and day. Light from its seven-storey glazed cap, with which Christoph Mäckler crowns the Zoofenster high-rise, radiates like a gigantic lighthouse visible from afar, mixing with the glitter around Breitscheidplatz to create an urban light ensemble into which the deep blue of Egon Eiermann's new memorial church penetrates, to generate a distinct contrast. During the day, the building looks like a recumbent volume that has stretched out and arisen in the midst of the city

wenig auf Distanz hält. Begabt mit der Qualität zur visuellen Stadtmarke überragt das Gebäude den Ort, an dem die mittelstädtisch großstädtische Unentschiedenheit, die bis heute zum urbanen Kennzeichen Berlins gehört, besonders ausgeprägt erscheint. Die Straßeninsel zwischen Bahnhof Zoo und Gedächtniskirche ist noch immer von provisorisch anmutender Bausubstanz umstellt, die das Straßendreieck – Hardenberg-, Kant- und Joachimstaler Straße – zu einem der belebtesten, aber zugleich auch desolatesten Stadtorte macht. Und wenn auch noch nicht abzusehen ist, wie die Verkehrsströme zivilisiert und die Spuren planerischer Hilflosigkeit in charakteristische Stadtarchitektur verwandelt werden können, so hat der Ort doch jetzt eine prägende Mitte, an der sich alle Investitionen ringsum werden messen müssen. Für Christoph Mäckler entspricht das Gebäude der „Komplexität des Ortes". Es wirke einer weiteren Zusammenhanglosigkeit zwischen unterschiedlichen Großformen entgegen.

Es ist nicht zutreffend beobachtet, wenn man dem Komplex Umgebungsneutralität unterstellt, wie das in der Architekturkritik zuweilen geschehen ist. Richtig ist, dass es hier nicht viel gab, woran sich die Bauaufgabe hätte orientieren können. Die Proportionen der Umgebung erscheinen derart zerstört, die Linien zerstückelt, dass sich aus ihnen keine Ordnung und schon gar keine Ästhetik herleiten ließe. Mit dem sechs- bzw. achtgeschossigen Sockel gibt Mäckler, anders als beim Tower 185 in Frankfurt (▶ S. 77), der das Niveau der angrenzenden Blockrandbebauung aufnimmt, ein Stadtmaß vor, das in der unmittelbaren Nachbarschaft nicht mehr eindeutig ablesbar ist, aber doch sichtlich aus der Baugeschichte der Stadt stammt.

Dass das Zoofenster mit seinen knapp 119 Metern Höhe eines der höchsten Gebäude Berlins geworden ist, zeigt schon, dass das Bauzeichen markant sein muss, das an dieser Stelle die architektonische Zukunft mitbestimmen soll. Von der nördlichen Hardenbergstraße aus gesehen, stellt sich die Anlage als vielfach gegliederter Komplex dar, dessen stumpfer hinterer Teil deutlich höher gezeichnet ist als der spitze vordere. Man könnte an einen Schiffskörper denken. Eine Assoziation, die durch das abgesetzte Obergeschoss im „Bugbereich" und durch die beiden miteinander verwachsenen Turmprismen noch verstärkt wird, die sich wie Brücke und Kamin aus dem Rumpf erheben.

Jedenfalls ist eine klare Ausrichtung des Gebäudes erkennbar. Der gestufte Turm wendet sich der Gedächtniskirche zu und mit ihm auch der Sockelkomplex. Man könnte, um im Bild zu bleiben, ein Containerschiff vermuten, das mit seinen mächtigen Aufbauten an der Hardenberg- oder der Kantstraße angelegt hat. Und wer ganz oben die Präsidentensuite im gläsernen Abschluss des Hotelhochhauses bewohnt, blickt auf das Westberliner Stadtzentrum, dem so ganz die

hectic, in order to keep the dynamic life around it at bay. Endowed with the qualities of a visual landmark, it towers above an area that is a hybrid of provincial-metropolitan indecision, which so often characterises parts of Berlin to this day and is particularly apparent here. The traffic island between Zoo Station and the Memorial Church is surrounded by provisional-looking building stock, making the junction of Hardenberg Strasse, Kant Strasse and Joachimstaler Strasse one of the most vibrant yet at the same time most desolate places in the city. And although it is difficult to anticipate how the flow of traffic here could be made more civilised and how the results of helpless urban planning could be transformed into characteristic urban architecture, at least the area now has a definitive centre, which all the other investment around it will have to live up to. For Christoph Mäckler, this building represents the "complexity of this place," counteracting further disjointedness between diverse large volumes.

It is not accurate to say that the environs of this complex are neutral, as is common in current architectural critique. What is true is that there wasn't much here that the building could have been oriented around. The proportions of its surroundings seem to be so disjointed, the lines so fragmented, that no order could be derived from them, not to mention aesthetic direction. In contrast to Tower 185 in Frankfurt (▶ p. 77), where Mäckler uses the between six- and eight-storey plinth to reflect the neighbouring perimeter block height, here he uses it to define an urban dimension. This, although not clearly legible in the direct environs, does evidently have its origins in the city's architectural history.

The fact that the Zoofenster, at just about 119 metres, has become one of the highest buildings in Berlin demonstrates that a landmark building intended to contribute to defining the architectural future of this area must be distinctive. Looking at it from Hardenberg Strasse to the north, the whole ensemble appears to be multistructured, its obtuse rear end being much higher than its pointed front end. It could be said to resemble a ship's hull. This association is caused by the recessed top storey in the "bow area" and is underlined by tower prisms which grow together to rise like bridge and chimney from the rear.

In any case, a clear orientation of the building is clearly discernable. Its tapered tower and its plinth are oriented towards the Kaiser Wilhelm Memorial Church. To remain with the ship association, one could imagine a container ship and its powerful superstructures that has docked at Hardenberg Strasse or Kant Strasse. And anyone staying right at the top in the presidential suite of this glazed hotel high-rise has a view to the West Berlin City centre; it is not the generous kind of city centre with a strong power of

Straßenbebauung
Joachimstaler Straße

Perimeter block buildings
on Joachimstaler Strasse

Großartigkeit der Stadtmitte fehlt, dessen Sogwirkung freilich auch über der wechselvollen Geschichte der Stadt nicht wirklich erschöpft scheint.

Dabei ist die attraktive Sichtachse erst in einer relativ späten Projektphase möglich geworden, als im Jahr 2009 der über die Kantstraße reichende Querriegel des Schimmelpfenghauses abgerissen wurde und damit die gesamte dreieckige Fläche zwischen Hardenberg-, Kant- und Joachimstaler Straße bebaut werden konnte. Mit einem Mal war eine Verbindung zur City West und vor allem zur Gedächtniskirche geschaffen, die aus dem behutsamen Abstand des Zoofenster-Areals ihre ganze zerfurchte Würde behalten hat und von der Nachbarschaft des neuen Hochhauses keinesfalls dominiert, gar erdrückt wird. Die Befürchtungen der Gemeinde, die Kirche könnte verschattet werden und die Besonderheit des Lichteinfalls durch die blauen Kirchenfenster verlorengehen, haben sich längst zerstreut.

Die Nordflanke ist auch die eigentliche Schauseite der Überbauung, die mit ihrer durchgehenden Arkadenfront auf die Menschenmassen reagiert, die vom Breitscheidplatz oder vom Kurfürstendamm zum Bahnhof Zoo und in umgekehrter Richtung strömen. Die Arkaden, die mit ihren natursteinverkleideten Pfeilern, der bräunlichen Ausmalung der Kassettendecken und den Stablampen im Retrodesign eine florentinische Italianità ausstrahlen, ziehen sich ein Stück um die Hausspitze herum und brechen dann ab. Der Eindruck von Wertigkeit und Eleganz entspricht der Nobelmarke des Hauptnutzers. Waldorf Astoria steht für Hotel-Fazilitäten im Luxussegment und das soll auch von der Straße aus sichtbar sein. So liegt der Eingang des Hotels in den Sockelgeschossen des Hochhauses und ist zur Straße hin durch ein vorkragendes Arkadendach mit goldfarbener Deckenfassung gekennzeichnet.

Besondere Sorgfalt gilt der Gestaltung der Fassaden, die, durch Vor- und Rücksprünge gegliedert und mit massiven hellbeigen Kalkplatten verkleidet, ein dezentes Farbsignal senden. Harmonisch erscheinen die bronzierten Aluminium-Kastenfenster in das Farbklima integriert. Im Sockelbereich ist der Naturstein horizontal kanneliert worden. Die zentimetertiefen Auskehlungen brechen das auftreffende Licht, sorgen für gedämpfte Schatten und geben den großen Flächen eine räumlich-plastische Wirkung. Dass die Außenwände um mehr als 50 Prozent geschlossen sind, dient der klimatechnischen Optimierung. Im Vergleich zu einer Ganzglasfassade, so Mäcklers Berechnungen, spare die Zoofenster-Steinfassade einen erheblichen Anteil an Kühlenergie ein. Und besonderen Wert legt der Architekt auch auf die Veränderungsprozesse, die an einer Steinfassade ablesbar seien und das Bauwerk in Würde altern ließen: „Wir greifen Dinge auf, die seit Jahrtausenden angewendet werden."

attraction – it could be exploited much more considering the varied history of this city.

This attractive visual axis only became an option at a relatively late stage of the project when, in 2009, the horizontal section of the Schimmelpfeng building was demolished and thus the triangular area between Hardenberg Strasse, Kant Strasse and Joachimstaler Strasse became free for construction. All of a sudden, a connection was created to City West and above all to the Kaiser Wilhelm Memorial Church; the latter retained its entire furrowed dignity due to its cautious distance from the Zoofenster area and has not in anyway been dominated nor suffocated by its proximity to the high-rise building. The fears of the parish that its church might be overshadowed and the distinctive incidence of light through its blue church windows would be lost, have long since dissipated.

The northern flank represents the actual front side of the ensemble, reacting with its continuous colonnaded front to the crowds of people that stream from Breitscheidplatz or Kurfürstendamm towards Zoo Station or vice versa. The colonnades with their pillars clad in natural stone, the brown painted coffered ceiling and the retro designed lamps, which emanate a Florentine Italianità, continue a little way around the tip of the building where they then stop. The impression of valence and elegance is appropriate to the luxury brand of its main tenant. Waldorf Astoria stands for high-end hotel facilities, and that aspect should certainly be visible from the street. The hotel entrance is therefore located in the plinth of this high-rise building and, when seen from the street, is characterised by a protruding colonnaded roof with a gold-coloured ceiling.

Particular care has been given to the design of the façades, which are structured by protrusions and recesses and whose massive light beige limestone plate cladding sends a discreet signal. Its bronzed aluminium casement windows fit harmoniously into the overall colour concept. The natural stone of the plinth has been fluted horizontally. Centimetre-deep channels break the incidental light, providing diffused shade and giving the large areas a spatial plastic effect. The fact that more than 50 per cent of the façade is massive rather than glazed serves climate optimisation. According to Mäckler's calculations, the Zoofenster stone façade saves a significant amount of cooling energy compared to a fully glazed façade. And the architect recognises particular value in the processes of change that can be read from a stone façade, and which allow a building to age gracefully, "We use methods that have been applied for thousands of years."

This meticulous exterior design goes hand in hand with the precision taken in designing the usable floor space inside. The client made some binding stipulations, which, for

Die akkurate Außengestaltung korrespondiert mit der Präzision bei der Anpassung der Nutzflächen. Zwar hat der Bauherr bindende Vorgaben gemacht, die zum Beispiel im Entree-Bereich des Hotels dazu geführt haben, dass die berühmte New Yorker Astoria-Lounge, die „Peacock Alley", nachgebaut worden ist und auch hier den Gästen das klassische Waldorf-Ambiente vermitteln soll. Zugleich lag die Einrichtung des Hotels in der Obhut französischer Designer. Aber das Büro Mäckler war in alle wesentlichen Entscheidungen involviert und hat keineswegs nur die Hülle gebaut. Obwohl das Astoria mit seinen über 230 Zimmern und Suiten zwar den Großteil des Gebäudes belegt, steht ein wesentlicher Gebäudeteil für flexible Büronutzung zur Verfügung.

Die Belebung der Stadtinsel, die Rückkehr kultivierter Urbanität steht noch aus. Die Arkaden, die breiten Gehwege rings um das Haus, der Freiplatz an der Spitze, sie sind nicht gleich stürmisch in Besitz genommen worden. Wer an einem der zugigen Tische auf der „Terrasse" des neuen „Romanischen Cafés" Platz genommen hat, liest mit einiger Wehmut, dass das Caféhaus gleichen Namens bis zum Zweiten Weltkrieg ein ebenso charmanter wie beliebter Treffpunkt kritischer Künstler und Intellektueller gewesen war. Auch ein stadtplanerisch engagierter und weitsichtiger Architekt wie Christoph Mäckler muss einsehen, dass es nicht immer nur

example in the entrance area of the hotel, led to the famous New York Astoria Lounge – the "Peacock Alley" – being reconstructed; the intention of this is to communicate the atmosphere of the classical Waldorf. While the interior design of the hotel was taken care of by French designers, Mäckler's practice was involved in all important decisions and was not only responsible for the outer shell; though the Astoria with its over 230 rooms and suites occupies the main part of the building, a large part is still left for flexible office use.

The revival of this city island and the return of cultivated urbanity are yet to happen. The colonnades, wide footpaths around the building, the open space at its tip have not been immediately appropriated by the public. Those taking a seat at one of the airy tables on the terrace of the new "Romanesque Café" read with a certain amount of wistfulness that a Caféhaus of the same name was an equally charming and popular meeting place of critical artists and intellectuals until the Second World War. Even an architect as far-sighted and aware of urban planning as Christoph Mäckler must accept that the processes through which urban life become animated are not always controllable. Mind you, the offer is available, and a broad range certainly has been generously provided. The wide open strip, which surrounds the ground

steuerbare Prozesse sind, die das Stadtleben animieren. Immerhin: Die Angebote sind gegeben, und sie sind durchaus großzügig ausgefallen. Die breiten Freistreifen, die den Grundriss säumen, sind nicht zuletzt dadurch möglich geworden, dass die gesamte Andienung und Entsorgung ins Untergeschoss verlegt wurde. So ist öffentlich nutzbarer Raum gewonnen, der noch auf seine Entdeckung wartet. Wie auch die westliche Ladenfront ihre Zeit wohl erst noch vor sich hat.

Bis heute ist das Areal vom Verkehr umspült, und der schrille Wechsel der Erlebnisqualitäten – die Stadtpark-Beschaulichkeit, die vom angrenzenden Zoologischen Garten ausgeht, der autobahnähnliche Verkehr auf der Hardenbergstraße, die Muße-Plattform und Unterhaltungsbühne, zu der der Breitscheidplatz geworden ist – das alles trägt nicht gerade zur enthusiastischen Bürgerbesetzung des Zoofensters bei. Noch wirkt das Gebäude etwas isoliert. Und es wird entschlossener verkehrsplanerischer Konzepte bedürfen, um die heterogenen Teile neu zu verfugen. In dem Zusammenhang verdient es Erwähnung, dass Mäckler ursprünglich von der Berliner Senatsbaudirektion beauftragt worden war, ein Gutachten für den Breitscheidplatz auszuarbeiten. Das Zoofenster ist in dem Problembewusstsein für die heterogenen Widersprüche entstanden. Mäckler hat seine eigene Vision von der City West. Und das Zoofenster kann in der Art, wie es

floor of the building, was possible not least because the whole delivery and refuse facilities have been installed in the basement. This way, useful public space could be created, which is still waiting to be discovered, just like the shop fronts to the west, also still waiting for their time to come.

To this day, the area continues to be surrounded by traffic and a blaring diversity of experience – the tranquillity of a city park, which emanates from the neighbouring Zoological Garden, motorway-like traffic on Hardenbergstrasse, the leisure area and stage that Breitscheidplatz has become – none of which has exactly contributed to the Zoofenster's enthusiastic reception. The building still appears to be isolated and more decisive traffic planning concepts will have to be implemented should these heterogeneous parts be reunited. Within this context, it should be mentioned that Mäckler was originally commissioned by the Berlin Senate Construction Authority to carry out a study of Breitscheidplatz. Zoofenster was thus designed in full awareness of these heterogeneous contradictions. Mäckler had his own vision for City West and Zoofenster can, in the way in which it reacts to very different street spaces, be considered to be a first step on the way towards a comprehensive solution.

The criticism that the high-rise facility bears neither historical nor expressive qualities, and accusations that it is

Straßenleuchte

Street lighting luminaire

auf ganz unterschiedliche Straßenräume reagiert, auch als erster Schritt auf dem Weg zu einer Gesamtlösung gesehen werden.

Die Kritik, die der Hochhausanlage weder historische noch expressive Qualitäten zuerkennt und ihr eine Austauschbarkeit vorhält, die sie in Shenzhen geradeso vorstellbar mache wie in Seoul, Melbourne oder Dubai, verkennt, dass Christoph Mäckler ein Hotelhochhaus in Shenzhen gänzlich anders bauen würde als in Seoul, Melbourne oder Dubai. Wohl sieht man dem Korpus seiner Projekte an, dass sie alle aus derselben Familie stammen. Aber es ist nie so, dass der Architekt nur in den Formen-Baukasten griffe und ein festes Set handschriftlicher Elemente variierte. Dass die Mäckler-Architektur ihre Identität hat, heißt, dass sie sich von Bauaufgabe zu Bauaufgabe verändert und immer neu an die urbanen Gegebenheiten anpasst. „Bei mir", sagt Christoph Mäckler, „beginnt ein Projekt immer mit dem Städtebau."

Das Zoofenster weist jene Klarheit und Expressivität auf, wie sie in dieser verbauten Umgebung wohltuend erscheint. In seinen angemessenen Proportionen, in der Nachhaltigkeit der Bautechnik und nicht zuletzt in der gesitteten Eleganz, mit der die Bauaufgabe erfüllt wird, hat das Gebäude das stadtplanerische Eichmaß übernommen. Es setzt nun Standards, die hier zu gelten haben, die hier zu gelten hätten.

Hans-Joachim Müller, geboren 1947, Autor im Feuilleton der *Welt* und der *Welt am Sonntag*. Nach dem Studium der Philosophie und Kunstgeschichte war er zunächst langjähriger Mitarbeiter im Feuilleton der *ZEIT*, dann Feuilletonchef und Mitglied der Redaktionsleitung der *Basler Zeitung*.

interchangeable – that it could just as easily be located in Shen-zhen as in Seoul – Melbourne or Dubai, negate the fact that Christoph Mäckler would build a hotel high-rise in Shen-zhen totally differently than in Seoul, Melbourne or Dubai. It is obvious from the body of his work that his projects are all born of the same family. However, it is never the case that the architect reaches into a tool kit and merely varies a certain set of handwritten components. The fact that the Mäckler architecture has its identity means that it changes from project to project, always adapting to the urban context. "In my case," Christoph Mäckler says, "a project always begins with urban planning."

The Zoofenster exhibits the kind of clarity and expressiveness that seem to be good for the built environment. In its appropriate proportions, in the sustainability of the building technology and not last in the demure elegance with which the task at hand has been fulfilled, this building exceeds urban planning standards. It now sets standards which should further be adhered to.

Hans-Joachim Müller, born in 1947, writes for the arts section of the *Die Welt* and the *Die Welt am Sonntag* newspapers. After studying Philosophy and Art History, he was a long-standing contributor to the arts section of *Die ZEIT* newspaper and then head of the arts section and member of the editorial board of the *Basler Zeitung* newspaper.

Atrium

Atrium

Suite

Suite

PROJEKTDATEN / PROJECT DATA

ORT / LOCATION
Hardenbergstrasse / Joachimstaler Strasse /
Kantstrasse, 10623 Berlin

GRÖSSE / SIZE
Nutzfläche / Net floor area
ca. 26.846 m²
Brutto-Grundfläche / Gross floor area
ca. 56.612 m²
Brutto-Rauminhalt / Gross volume
ca. 206.198 m³
Höhe Turm / Height of tower
118,80 m, 32 Stockwerke / 32 storeys

ZEITDATEN / TIME FRAME
Baubeginn Herbst 2009 / Start of construction 2009
Fertigstellung Herbst 2012 / Completion 2012

BAUHERR / OWNER
Harvest United Enterprises, Abu Dhabi

PROJEKTENTWICKLER / PROJECT DEVELOPER
Swan Operations Limited, Abu Dhabi

PROJEKTKOORDINATOR / PROJECT COORDINATOR
Emesco Monod Schüler & Co, Paris

HAUPTNUTZER / MAIN USER
Waldorf Astoria Berlin / Hilton Worldwide

ARCHITEKT / ARCHITECT
Prof. Christoph Mäckler Architekten,
Frankfurt am Main

PARTNER / PARTNERS
Christoph Mäckler
Claudia Gruchow, Thomas Mayer, Mischa Bosch

PROJEKTLEITUNG / PROJECT MANAGER
Dieter Hassinger, Kathrin Gallus, Stephanie Wymer

MITARBEITER / PROJECT TEAM
Michael Beckermann, Marcus Büntig, Larissa Chinenaya,
Joachim Gastner, Carolin Gerum, Jochen Hettmann, Katja
Hoppstädter, Daniela Hübener, Marin Juko, Boris Kaster,
Jens Kleiner, Torsten Klöppelt, Tina-Maria Klug, Kentaro
Matsuno, Gloria Mühlenfeld, Ulrike Nix, Damian Paris,
Birgit Roth, Udo Schallenkammer, Saskia Steudel, Marek
Sylla, Cheng Zheng

INNENARCHITEKTEN / INTERIOR ARCHITECTS
HOTEL:
  Entwurf / Design – Inter Art Etudes, Paris
  Ausführungsplanung / Final planning –
  Prof. Christoph Mäckler Architekten, Frankfurt am Main
FOOD & BEVERAGE:
  Entwurf / Design – Inter Art Etudes, Paris
  Ausführungsplanung / Final planning –
  Akett + Heese GmbH, Berlin
SPA: Akett + Heese GmbH, Berlin

**PROJEKT- UND BAULEITUNG / PROJECT AND
CONSTRUCTION MANAGEMENT**
BIC Ingenieur-Consulting GmbH, Berlin

BAULEITUNG TGA / CONSTRUCTION MANANGEMENT TBS
FL.B-Ingenieure, Berlin

**FACHPLANUNG TECHNISCHE GEBÄUDEAUSRÜSTUNG TGA /
TECHNICAL BUILDING SERVICES PLANNING TBS**
Brendel Ingenieure AG, Berlin und
Alpine Bau Deutschland AG, Berlin

TRAGWERKSPLANUNG / STRUCTURAL ENGINEERING
Grontmij BGS Ingenieurgesellschaft mbH, Berlin

**FACHPLANUNG UND BAUÜBERWACHUNG BRANDSCHUTZ /
FIRE CONTROL – SPECIALISED PLANNING AND BUILDING
INSPECTION**
TPG Technische Prüfgesellschaft Lehmann mbH, Berlin

**FASSADENBERATUNG UND -PLANUNG /
FAÇADE CONSULTANCY AND ENGINEERING SERVICES**
Priedemann Fassadenberatung GmbH, Berlin

**BAUPHYSIKALISCHE BERATUNG / BUILDING PHYSICS
CONSULTANCY**
Ingenieurbüro Axel C. Rahn GmbH, Berlin

LICHTPLANUNG / LIGHTING DESIGN
Schlodfeldt Licht, Berlin

ROHBAU / SHELL CONSTRUCTION
Arge Rohbau Zoofenster
Alpine Bau Deutschland AG, Berlin /
BSS Beton-System-Schalungsbau GmbH, Berlin

BAUGRUBE / EXCAVATION
Arge Baugrube Zoofenster
Grund- und Sonderbau GmbH, Berlin / Alpine Bau
Deutschland AG, Berlin

FASSADE / FAÇADE
Arge FZZ
Rupert App GmbH & Co. Stahl- und Metallbau, Leutkirch /
Hofmann GmbH + Co. KG, Werbach-Gamburg

GENERALUNTERNEHMER AUSBAU / GENERAL
CONTRACTOR STRUCTURAL EXPANSION
Alpine Bau Deutschland AG, Berlin

AUFZÜGE / ELEVATORS
Otis GmbH OHG, Berlin

PUBLIKATIONEN PROF. CHRISTOPH MÄCKLER ARCHITEKTEN / PUBLICATIONS PROF. CHRISTOPH MÄCKLER ARCHITEKTEN

▶ *OpernTurm Frankfurt am Main* (Berlin 2010)
▶ *Augustinermuseum, Freiburg im Breisgau* (Freiburg 2011)
▶ *Tower 185 / Frankfurt am Main* (Berlin 2012)
▶ *Kunsthalle Portikus, Frankfurt am Main* (Sulgen/Schweiz 2006)

BILDNACHWEIS / ILLUSTRATION CREDITS

FOTOGRAFEN / PHOTOGRAPHERS
HG Esch, Stadt Blankenberg: Seite / page 26, 28/29, 30, 33, 36, 41, 42, 43, 45, 46, 49, 50/51, 52, 55, 57, 58, 62/63, 64, 66/67, 68, 69, 70/71, 78/79
Dieter Hassinger, Frankfurt am Main: Cover, Seite / page 4, 20/21, 35, 38/39, 60
Christian Richters, Berlin: Seite / page 6/7, 72, 73, 74/75
Historische Fotos / Historische Fotos
LAB/Gloria Grambow, F Rep. 290, Nr. II10355: Seite / page 10
LAB/Horst Siegmann, F Rep. 290, Nr. 0149666: Seite / page 11
LAB/Horst Siegmann, F Rep. 290, Nr. 0054340: Seite / page 12

LUFTAUFNAHMEN / AERIAL PHOTOGRAPHS
euroluftbild.de: Seite / page 22, 25

PLÄNE / PLANS
adlerschmidt kommunikationsdesign GmbH, Berlin:
Seite / page 8
Prof. Christoph Mäckler Architekten, Frankfurt am Main:
Seite / page 15, 24, 31, 34, 40, 44, 45, 47

SKIZZEN / SKETCHES
Christoph Mäckler, Frankfurt am Main: Seite / page 23, 41, 48

VISUALISIERUNG / VISUALISATION
Yadegar Asisi, Berlin: Seite / page 16/17

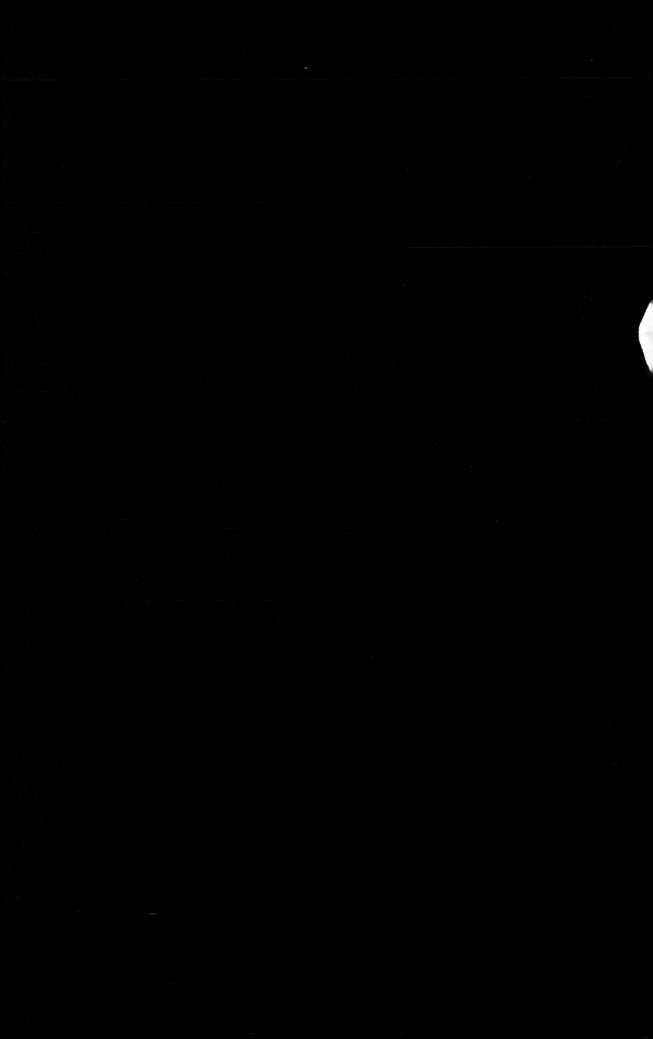